YAAD

MEMORY

FAHAD ASLAM

Made with ♥ on the Notion Press Platform
www.notionpress.com

This book contains poetry that I have written from my memories, my friend motivated me to write a book for myself and the summaries of it, thank you so much for motivating me to write this...

Contents

Contents

Foreword

In the pages that follow, the alchemy of words weaves a tapestry of love and heartache. As the reader embarks on this poetic pilgrimage, they enter a realm where emotions are articulated with the grace of pen strokes. The verses encapsulate the universal dance of hearts – the euphoria of love's arrival and the poignant ache of its departure. Here, within the verses, lies an invitation to feel deeply, to explore the landscapes of passion and pain. May these poems resonate, offering solace, companionship, and a reflection of the intricate beauty found in the fragile threads of the human heart.

Preface

This book contains loads of emotion about being in love and being betrayed by someone, this book is a connection between a person to another person.

Acknowledgements

This book is roller-coaster of emotions that will bring the meaning of love to the readers and how helpless one becomes when the lover isn't around.

Prologue

In the quiet corridors of the heart, where echoes of love and whispers of heartache converge, this collection of verses unfolds. Here, between the lines, emotions dance in the delicate balance of joy and sorrow, painting a canvas of human connection. Welcome to a poetic odyssey where emotions find their voice and solace intertwines with vulnerability.

Contact

Instagram: fahadibnaslam

Email: fahadaslam9699@gmail.com

1. Jub Tum Paas Aati Ho.

When you love someone then you begin to be dumbfounded by their presence your heart crawls for them and your thoughts are only describing themselves.

Jub jub tum mere paas aati ho
Ye hawa tham jaati hai
Baarish ki bundein tere geet gun gunati hai
Shaam tumhare jaane pur udaas hojati hai
Subha tumhe dekh kar khub lubhaati hai
Chaand tumhe takta rehta
Ye suraj ki aag bujh jaati hai
Dariya ki lehro ko tumhari aarzu hoti hai
Lehro ko tumhari yaad satati hai
Patthar tumhe dekh kar narm hojata hai
Phul ki pankhadiya sharma jaati hai
Namm aankho mein urooj hoti hai
Ye aankhe tumhara naam pukara karti hai
Asmaan tumhe dekh kar rashq karta hai
Bundein aapas mein ladh jaati hai
Parindey tumhari aas mein phira karte hai
Koyal tumhe dekh kar muskurati hai
Janwar tumse lagav rakhte hai
Unke chehre pur hasi khil jaati hai

Badan ko karahat mehsus hoti hai
Jism ki rooh tumse udh jaati hai
Khalao ko vaasta rakhna hai tumse
Khalao ko raato mein neend nahi aati hai
Aaftab hone pur tumhe hairat se dekhte hai
Tumhari chamak se unki rooh jhilmilati hai
Tumhare honto pur geet araam karte hai
Un saazo mein sukoon ki umang dekhi jaati hai
Tum hamare dil ko behlaati ho
Tum hamare dil ko khub satati ho
Mujhe bohat tamanna hoti hai tumse
Jub jub tum mere paas aati ho

Falling in love is really a great feeling…

2. Kon Udaas Karta Hai Tumhe?

What does it feel like when you want to be someone's shoulder but the other person always wants to go away from you and from your presence?

Kon udaas karta hai tumhe
Koy bohat pyaar karta hai tumhe
Koy ke liye tum mayassar ho
Koy jaan nisaar karta hai tumhe

Love and affection towards another person make you a caring individual.

3. Mohabbat Kamzor Bana Deti Hai.

Have you ever felt helpless and weak in loving someone? Yes, sometimes love makes you weak if the other person is not loving as much as you love them.

Hum aap aur mohabbat ki doōr bana deti hai
Mohabbat humein kamzor bana deti hai
Aapki muskurahat hai ki jee lete hai
Wagarna duniya aadam khor bana deti hai
Teri mohabbat ka ajar milega mujhe
Khushi hai jo tu agar milega mujhe
Teri balao se main vaasta rakhta hu
Teri udaasi ka hashar milega mujhe
Tumhara sharmana kitna kamaal hai
Aur gairat jo ke bemisaal hai
Mujhe tere siwa kuch nahi sujta
Tere ilawa mujh pur har shaqs haram hai
Ye mohabbat dil ka chor bana deti hai
Ajab se kirdaar ko ghanghor bana deti hai
Har badsurat pedh ko naagor bana deti hai
Mohabbat humein kamzor bana deti hai

But still, we try to make things better for them by making them smile because those smile make us strong enough to get back to our feet again.

4. Lehje Taqlif Dete Hai.

The accent with cruelty makes us disturbed and it makes us sad too when the person is our favourite one but we still try to please them because it's good in us which differentiates us from others.

Kuch lehje taklif dete hai
Ishare kuch mukhtalif dete hai
Aahat nahi aayegi dil ki tumhe
Hamare jawab musalsal shareef rehte hai
Dil mein ghabrahat horahi hai
Mujhe rooh ke nikalne ki aahat horahi hai
Ek mann mein kuch log ladh rahe hai
Kuch logo mein shayad baghawat horahi hai
Iske uske ab subke dilo mein uljhan hai
Judayi hai udaasi hai aur ye ki furkat hai
Kya main tabahi ke kirdaar pur hu
Ya yahi rabb ki ulfat hai
Ye baagh ke fool tausif dete hai
Aur ye ki dil mein tashrif dete hai
Ya ye ki dil mein tajhdif dete hai
Kuch lehje taqlif dete hai

The Sun and Moon do not shine at the same time but to live in this world we have to shine like a moon and bright like a sun.

5. Aapki Yaad Aati Hai.

The worst thing is that you have memories of them smiling towards you and sometimes it hurts when the special person is not with you.

Jeene ko kitne hi din aur kitni raat baaqi hai
Hasta to hu magar aapki yaad aati hai
Main dhal jau iss shaam mein ab kahi
Mujhe raat mein ab kaha neend mil paati hai
Aapki tabiyat kaisi hai ye khayal hai
Meri thik nahi aapke kya haal-o-ahwaal hai
Main aapka hu ye samjhane mein waqt lagega
Aap mere ho, nahi ye kya meri majaal hai
Haal ke amr pur udaas hu kabhi
Door rehkar bhi paas hu kabhi
Pyaas ko chahiye puri dariya hi sahi
Kabhi bewafa to jaan-nisaar hu kabhi
Suno, aap mujhe abbhi satati hai
Haste ko hasta hua kabhi rulati hai
Humein nahi pata aap kaise khush reh paati hai
Hasta to hu magar aapki yaad aati hai

We do know that it hurts remembering them but we do it anyways....

6. Mohabbat Kya Hai?

The feeling of being in love cannot be described in words when the person falls for somebody, that somebody becomes happiness of them in everything.

Na dil na dimag ki mohabbat hai
Hamari kuch alag ruhaani mohabbat hai
Ismein kuch tanhai hai to kabhi judayi
Ye patthаro pur likhe jaane waali mohabbat hai
Unki yaad aati hai aur kya khub dhaa jaati hai
Alag ajab satayi kahani mohabbat hai
Unke naam lene se khushi hoti hai
Hamare naam se paani mohabbat hai
Kuch waqti zindagi hai unke naam
Ek unke hi naam se rawani zindagani mohabbat hai

The love which should be written on stones...

7. Teri Yaad Gaaliban Aati Hai.

She is not with me but she left her smell in her remembrance.

Teri yaad gaaliban aqsar aati hai
Tu mujhe har jagah hi dikh jaati hai
Hai door magar pass hai mere
Tere aqs ki khushbo abhi tak satati hai

I can remember her all day and not be bored in a single moment.

8. Khwaab Adhure Hai.

The dream never forgets to leave her presence in my thoughts.

Do khwaab kuch adhure hai
Wo khwaab mein kuch parindey hai
Ek khwaab mein uski baatein hai
Ek khwaab mein kuch tasveerein hai

She smiled and I clicked a picture without a camera with a better quality.

9. Ye Raasta Kya Hai?

The road to success has never been easy to achieve but we fall and stand again.

Tumhe daava hai apni chahat ka
Ye raasta kya hai rahat ka
Mere pao mein bediya hai
Mujhe darr hai kisi aahat ka
Qaum ko shor na batana mera
Unhe khauf hojayega bagawat ka
Ab darta hu ye kaagzi note se main
Mujhe to shauq tha koy sakhawat ka
Kamiyab zindagi kaise na pajau
Koy taqlif hai meri rukawat ka
Iss khel ko main haar gaya
Ye khel hi hai koy banawat ka

When you try hard but do not succeed that doesn't mean that you have tried everything. It's just your part doesn't understand the real path to success.

10. Baarish Kya Dikhana Chahti Hai.

The loneliness makes you sad.

Ye barish kya dikhana chahti hai
Ye bundein dharti samana chahti hai
Jalal baras raha iss raat mein
Main roo raha hu iss barsaat mein
Ajeeb bimari lagi hui hai mujhe
Ye mohabbat jakdi hui hai mujhe
Khubsurat koy makaan chahiye mujhe
Ek saathi imandar chahiye mujhe
Soch lo to paani bhi aag hai
Soch lo to dariya bhi nakaam hai
Ye likhawi kagzi mere kis kaam ki hai
Mujhe ab zarurat kuch araam ki hai

The war between the world and me will be ended when I die.

11. Tum Baatein Kaisi Kamaal Karte Ho.

When you are hurt by someone special you act like oh! She hurt me but can I lay my head to her shoulder?

Tum baatein kaisi kamaal karte ho
Kuch yun mera istemaal karte ho
Mujhe apni godh mein sula lo na
Mujhe ek baar fir rula do na
Kehne ko baatein bohat saari pyaari hai
Mere dil ka charaag bujha do na
Meri neend se tum utha do mujhe
Meri nazro mein mujhko jhuka do na
Majzub ki tarah bhula diya sub
Suno tum bhi khud ko bhula do na
Mere jaane ke baad bhi jamaal hai
Kya apne husn ka khayal karte ho
Apni wafai ka sabut de rahe ho
Baatein kisi se yaha sawaal karte ho
Tum baatein kaisi kamaal karte ho

Being hurt in love is okay but sometimes I cry.

12. Kuch Aag Jal Rahi Hai.

When you make an effort for someone and always try to make them smile at every circumstance but they still choose to not be with you, at that moment you realise that you are done.

Kuch aag hai jo seene mein jal rahi hai
Kuch yaad hai jo dhere dhere badal rahi hai
Tere naa ka haq main bilkul samajhta hu
Pur tera yun to karna adal nahi hai
Teri muskurahat abhi bhi hai mere zehen mein
Meri aankho mein teri nazar jhalak rahi hai
Tera mera saath kitna kum sa raha Fahad
Ek hi to khoon hai tu bhi to mujhse alag nahi hai
Dua karta hu ki tujhe saari khushiya milti rahe
Tere jaane ke baad bhi mujh mein teri talab rahi hai
Khuda hafiz kehta hu is haseen se pal ko ab
Ehsas to mujhe abbhi hai pur tere liye qalam nahi hai

You may leave but you never escape the thought of being together again.

13. Ye Fitoor-E-Dil Tham Kyun Nahi Jaata.

When you are hurt and then suddenly find someone who makes you smile, you do know that loving someone is not an easy task at all.

Ye fitoor-e-dil ab tham kyun nahi jaata hai
Ye raasta mujhe ab kaha tak lejaata hai
Gaadiya guzar rahi hawao ki tarah
Hawao ka to mujhse alag hi naata hai
Ye saal kaise palak jhapakte khatam hogaya
Mujhko ab jaise ek tuta bharam hogaya
Sunlo jo dastaan to utthoge kaise
Batau tumhe! kya ki mujhpur kaisa ye karam hogaya
Ab koy bhi yaha khushi nahi paata hai
Ab koy bhi yaha laut kar nahi aata hai
Ye fitoor-e-dil ab tham kyun nahi jaata hai

Running for ages but still coming to that shore which gives you water to survive.

14. Uss Kahani Mein Mera Naam Kitna Hoga.

You are doing everything on your wall to impress your loved ones but they still tell you to go away from them, At that moment you start feeling sad and you doubt yourself about what you did wrong.

Tumne wo yaad banayi jisey main mita nahi paya
Yaado mein wo rang bhara jisey main dikha nahi paya
Panney ke kinare apna naam likha tumne
Aur main unhe bazaro mein bikwa nahi paya
Uss kahani mein mera naam kitna hoga
Aur kitna hi uss jahan mein gham aam hoga
Haraam hoga naqam hoga teri mohabbat se
Magar ye dil ka kuch to anjaam hoga
Khalal ibadato mein padh raha hai kabhi
Aur kabhi to namaz bhi qaza hui
Ye umeedi raaste ki aagahi
Aur isme na teri kabhi jaza hui
Tum aaina dekh kar muskurati kyun nahi
Tumhare aansu ki mujhko umr qaid saza hui
Badan ko kharocha hai maine har lamhe
Koy wazifey na mere kaam kar sake

Iss marz ka ilaaj hoga kabhi kahi
Shayad tum hi dawa ho jo mujhe badnaam kar chale
Aajizi to nahi magar tanhai hai mujh mein
Meri kitabo ki gehrayi hai mujh mein
Main samajhta hu shirk ko haraaam
Magar wo ek choth kaat khayi hai mujh mein

Unknowingly the damage that has been done by your loved ones sometimes is intentional and sometimes unintentional but it does make your heart crack into a million pieces.

15. Mujhe Qabr Se Uthane Aaye Ho?

Leaving someone on their own is ok but it hurts more when they come back to haunt you again.

Mujhe qabr se uthane aaye ho
Ro kar ab kya batane aaye ho
Yahi ki mohabbat hai tumhe
Ye aansu ab kisey dikhane aaye ho
Bagawat ka hasil-e-hunar hai tumhe
To abki iraada hai ki gala dabane aaye ho

You can't trust those who have already betrayed you but you do live with them.

16. Kuch Puraani Baatien Yaad Hai.

They left but the memories stayed, I will wait until they come back to take them with me.

Aaj bhi kuch puraani baatien aisi yaad hai
Jaise ki kal purso ki hi baat hai
Andaaz hai uska alag zindagi jeene ka
Jisey bhajaye wo shaqs barbaad hai
Yunhi tadapte badalo ko dekhta rehta hu
Raato ko behekta ya chehekta rehta hu
Har roz saber uski baatein yaad aati hai
Har roz saber main usse mehekta rehta hu
Ab main sochta hu ki wo kya saath hai
Nahi , aisa to nahi hai ki wo abhhi abaad hai
Zanjeer uthao aur taan do mere sir pur
Ye ishq nahi to fir kya sar-e-aam hai

The morning shines with their memory and the night starts to cry when the stars don't find them close.

17. Kya Khushi Tumbhi Rakhte Ho?

Loneliness gets you to that point when you start questioning everything.

Kya khushi tumbhi rakhte ho
Kya hum pe tumbhi marte ho
Mujhe raato ne barbaad kiya
Kya ye aarzu tumbhi rakhte ho
Mukar gayi cheez kitna sambhaloge
Ab iss raah mein kitna naam paa loge
Main ek hi baat ko galat kar gaya
Meri mohabbat se tum mujhe hata doge
Tum dil ke chor ho tumbhi saste ho
Kya khushi tumbhi rakhte ho

Maybe the answer is not there but asking these questions makes your heart feel quiet.

18. Musafey Ke Darmiyan Haath Jal Jayega.

The fire in our inner self cannot be cooled down with water. It needs more fire to be bright like the Sun.

Meri khamoshi se tu kya pata mere pass aajayega
Chup hokar udaasi aankhe aur aake gale lag jayega
Sisak sisak ke apni dastaan sunaoge
Bataoge ki tu na mila to tanha marjayega
Ye dil ko tumne aisi aag lagaya hai
Rafta rafta neendo ko bhi tumne sataya hai
Jazbaat to ek azmat cheez thi na tumhare liye
Ye konsa masla hai ki tumne mujhe raste se hataya hai
Ab asaan thodi hai ki ye dard har koy paa jayega
Mujhe door se dekhoge to accha hi lagunga
Musafey ke darmiyan haath jal jayega

Emotions can make you weak and strong at the same time.

19. Sitaro Ko Likhte Hai.

The urge to call them will never end easily.

Chalo aao na in sitaro ko hum dubara likhte hai
Choti si kitab aur usme apna apna zamana likhte hai
Talkhi kharesh baato ko hatakar pyaar batayenge
Ek se mann nahi bhara to hazaar batayenge
Likhenge apni ek khubsurat si duniya
Usey hum baari baari kamaal batayenge
Anjuman mein kitne gul hai khilne wale
Uss bagh mein hai aakhir kitne hi milne wale
Hum to ab bus ek hi baat ko roz silte hai
Chalo aao na in sitaro ko hum dubara likhte hai

In the state of being alone, we always try to get close to that special person in our thoughts.

20. Mujhe Ye Raat Acchi Lagti Hai.

We have always been in that state when we start loving nights more than a day.

Mujhe ye raat ab bohat acchi lagti hai
Arsa hua uss baat ko pur abbhi aise ki jaise kal ki lagti hai
In andhero ko andaaza hai meri chinkho ka
Meri takiya kehti hai ki baat talkhi lagti hai
Andaaza nahi tha ki aaina iss tarah tut jayega
Bikhra hua dil ka tukda kuch yun phut jayega
Batayega mujhko ye chand mera kal
Koy to dikhaye mujhe aage ki zindagi ka hal
Puche mujhse mera haal bina azmayish
Bataye ki lamba tha pur haseen sa tha wo pal
Mujhe ye har baat ab jaise pakki lagti hai
Mujhe ye raat ab bohat acchi lagti hai

Pieces of a broken heart cannot be filled in one glass of wine..

21. Dil Se Sawal.

The talk between mind and heart is always been an intense battle but in the end, the heart won and lost at the same time.

Maine ek dafa apne dil se ek sawal pucha
Dhadakta to hai pur kis zawal se ye pucha
Bataya usne ki ek nigaah ne dhadkaya hai iss tarah
Mujhe mere kaam se bhadkaya hai lag raha
Aate jaate hawa ke jhonke hai maine kaha
Yahi to ishq hai fir subne suna
Badi badi baatien mujhe dikhlayi mohabbat ki
Acchi acchi saugaat mujhe sikhayi mohabbat ki
Bataya kuch yun ki ishq na ho koy khuda ho
Har baat sahi thi pur usse wo juda na ho

We can hear the thoughts in our minds still they don't apply the same in real life

22. Main Kaha Jaraha Hu?

When you are hopeless and there's nothing that makes you motivated to fight back in this evil world, you choose to let go of yourself.

Aaj soch raha hu ek kitab aur bhardu
Aaj fir ek nayi kahani se duniya ye sawar du
Batadu subko ki tanha hu main
Batadu subko ki haar chuka hu main
Gawahi de rahi meri geeli takiya
Bata rahi hai ki nazro se bhi gir chuka hu main
Uljhano mein phasa ek nafsiyat sa ladka hu
Main abhi nahi arse se iss aag mein jhalka hu
Bharose pur bharosa kiya jaraha hu
Mujhe batao ki ab main kaha jaraha hu

When the moment arises we meet again I will give you a goodbye hug and full of respect.

23. Kabhi Kabhi!

We always manifest our feelings for other people and smile like there is nothing in this world that can make us apart except them.

Kabhi kabhi main kuch yun sochta hu
Ki agar na aata hamare bich koy
To ho sakhta hai ki zindagi khushal hoti
Thandi mein barf ke oley aur kya pata baarish mein kitni bhauchaar hoti
Yunhi haseen sa ek pal guzar jaata
Har roz ek naye sirey se mujhse teri mulaqat hoti
Hum dono dekhte ki aakhri zindagi kya hai
Aur fir roz usi zindagi ke aqs pur uski baat hoti
Hamari aulaadien hoti unki bhi kuch misaal hoti
Zindagi ka aakhir kona aur dhair saari yaad hoti
Kabhi kabhi main apni raah khojta hu
Kabhi kabhi main kuch yun sochta hu

The curiosity of seeing them smile is making us alive.

24. Dil Ka Gulab.

The feeling of being in love cannot be described in words. You fall in love and live with it.

Ek ehsas se khilta hai gulab dil ka
Ek ehsas se kitne ehsas bante hai
Tumhare aankho se roshni aajaye
Tum chalo to phool tak jalte hai
Ye baharo mein tum ho
Nadiyo parindo hawao mein tum ho
Guzari na ja saki jo umr
Wo umr ki panaho mein tum ho
Ye aasman chand sitare kaamlah lagte hai
Ye tumhare husn ka muqabla karte hai
Ye jheel ko tumse mohabbat hai
Ye parindey tumhari tamanna karte hai

You'll get charmed when you are in love with someone.

25. Chup Hi Rahu To Kuch Accha Hojayega.

The biggest reality of this world is death but some people still fall for money.

Chup hi rahu to shayad kuch accha hojayega
Kya pata ki ab tu apne sir pur haath rakh kar sojayega
Hojayega jiska yaqeen tha ki na ho
Kabhi has kar kabhi roo kar to kuch nahi hopayega
Zindagi ki do misaale ajab hai
Ek bharose mand aur pal mein hi tera qatl hai
Gazab hai ye zindagi ki reet kuch yun
Bada sa bada aadmi bhi ek paise ka atal hai
Imkaanat to nahi khair pur kabhi zarur saccha hojayega
Chup hi rahu to shayad kuch accha hojayega

Your silence makes your enemy confused if everyone will be silent there will be no enemy.

26. Laash Hogaya Hu.

Lying to others and always trying to be corrupt does not make you grow.

Mujhe wo dard bhari baat aaj bhi jakdi hai
Lash hogaya hu aur ye lash bhi akdi hai
Ab to bolne se pehle sochta hu
Kya usne meri ye wali, nahi wo wali baat pakdi hai
Ye munafiq mujhe ab ghar bata rahe hai
Ye duniya bhi aisi ki jaise makdi hai
Haq bata kar baatil ka saath deta hu
Jhuthi meri ye zubaan aur jhuti muthi sir pur pagdi hai
In samandar se muqabla karega tu fahad
Jisey tu samandar bataraha hai wo to mari hui machli hai

Not being grateful for everything is a sign of a failed man.

27. Ek Baar Phir Milna Chahta Hu.

The future you create with someone, The someone is living with someone.

Bichad ke ek baar phir milna chahta hu tumse
Divar ke kinaro se dekhna chahta hu tumhe
Kuch badal gayi hogi tum tab tak
Thoda wazan bhi badh gaya hoga tumhara
Safedi ki lakeer aagayi hogi balon mein
Jhurriyan pad gayi hogi un khoobsurat aankhon mein
Kya wo daag abbhi hai jo us din mere dekhne se hua thi
Bohot royi thi tum
Kya zikr kiya hoga tumne mera
Kabhi khud se kisi se ya khuda se
Kya kabhi naam nikla hoga galti se zubaan se
Kya mere janamdin pe yaad Kiya hoga tumne mujhe
Ye sab janna chahta hu tumse
Bichad ke ek baar phir milna chahta hu tumse

We always have the curiosity to know about the future even though we know it's not good enough to process in our thoughts.

28. Chand Kyun Chamakta Hai?

Sometimes we start questioning nature but the fact is nature is laughing at us.

Batao zara ye chand kyun chamkata hai
Har raat ye ek hi asmaan mein kyun atakta hai
Ye mallah apni qashti kinare laaya hai
Ye mallah samandar mein roz bhatakta hai
In chau baaro ko yaad karleta hu
Aakhir mere pass waqt hi kub tak ka hai
Zeh nasheen ye diware jinpur har rang ka saaya
Tu idhar udhar chod kyun usey hi takta hai
Aagosh mein lekar jahan bhula de fahad
Behosh ye shaqs.. aakhir wahi suli pur latka hai

We live our lives like there is nothing that exists called death.

29. Be-Inteha Mohabbat.

You fall in love then you realise that someone has fallen for you too.

Koy berukha anjaam deta hai
Berozgaar ko kon kaam deta hai
Kisi ko meri be-inteha mohabbat se taqlif hai
Koy mere rukhey lafzo pur jaan deta hai

If you consider my love as I consider you, the outcome of our relationship will be different.

30. Mujhse Behtar Mil Jayega.

One-sided love doesn't end well but it does teach you where to give efforts that could be worth it.

Mujhse behtar mil jayega tumhe
Fir Allah se gilah na aayega tumhe
Dil mein nami hogi magar chehre pur khushi
Khair ab kon satayega tumhe
Jism mein jaan thi magar harkat nahi thi
Mohabbat ek ne ki isiliye barkat nahi thi
Main chahta hu tumhara savera dekhna
Magar lagta hai muqaddar ki tabiyat nahi thi
Qadmo mein gir kar bheek kub tak mangenge
Ye mohabbat ki saza hum kub tak kaatenge
Uski khushi ka sochna bura asr ho shayad mujhpur
Hum aakhir wo paak khoon kub tak chaatenge
Koy khubsurat duniya dikhayega tumhe
Muskurahat door lejaake bhi lautayega tumhe
Main to marr gaya ab ye kon batayega tumhe
Mujhse behtar mil jayega tumhe

You can find someone better than me but the love I have for you will never be the same in any person.

31. Itni Baatein Hoti Hai.

The story of believers starts with struggle.

Itni baatein hoti hai
Magar har baar adhuri hoti hai
Main jaanta hu teri khushi mujhse hai
Aur ye bhi ki tu aqsar tanha roti hai
Ab jub mohabbat hogayi to fir kyun darna hai
Iss baat se mukar kar humein kis se jhagadna hai
Abhi to door jaane ki baat na karo
Humein to zindagi ka haath pakadna hai
Main khush hu ki tu mera kal hai
Ainey mein dikhta hua meri naqal hai
Barabar nahi afzal hai tu
Tu accha khaasa khud mein magan hai

Her existence makes me work for myself even though we are not meant to be but still, she makes me smile.

32. Tumhara Haath Ho Mere Iss Haath Mein.

The whole day passed just remembering their smile, that time you realised that it was not an attachment it was love.

Jo tumhara hath ho mere iss hath mein
Aur tumhari nazre ho sirf meri aankh mein
Dher saari baatein ho choti si us raat mein
Jahan mil jayega jo tu ho mere saath mein
Sun lena andhero mein tum meri saans ko
Sambhaal lena tum mere saare jazbaat ko
Badal jaegi dhun tum jo mere pass ho
Haan zindagi mein ab tum hi sabse khaas ho
Mere alfaz se lekar mere jazbaat tak
Mere aansu se lekar meri muskan tak
Tum hi mere pass ho tum hi mere khaas ho
Har tarah ki batoon ka khubsurat koi ehsaas ho
Bhula na pau ta umr gerha sa koi raaz ho
An-kaha alfaz ho an-chuwa ehsaas ho
Meri lambi lambi baaton mein har pahla alfaz ho
Dhun ya koi saaz ho ya ghazal ke aa'shaar ho
Na jaana tha pahle mufassal magar

Jaana hai jub se tumko sanam
Mere dil ke khaas ho meri dhadkano ke pass ho

Have you ever felt sometimes that you really want a hug from your favourite person but they are not close enough? Hmm, you are in Love.

33. Musafir.

When you are in love you have to be patient with them indeed a diamond found in a deep dark with a lot of struggles.

Tum paas hoge to kya kahega zamana
Door jaane ka fir na hoga koy bahana
Musafir hu to gham mere hisse mein hai
Tanha hai aur safar mein hai ye parwana

Walking alone to your destination with silence and a smile on your face, It does takes a lot of courage.

34. Sunaye Jaane Waali Dastaan.

I found peace in your simplicity.

Tum sunaye jaani waali dastaan ho
Meri manzil ka raasta ho
Mujhe ab sukoon milta hai
Tum koy khubsurat haadsa ho
Meri ek chupi kitaab hai
Jiska tumhe khwaab hai
Mere dil ko tumse rahat hai
Mera dil tumhara hijaab hai

My heart found the strength by watching you smile to cover your silly little mistakes.

35. Deed Ke Qaabil Nahi Hu.

You got tears in your eyes let me wipe them out by destroying the loving part of me.

Maana ki tere soch ke deed ke qaabil nahi hu
Aur ye bhi ke koy zindagi ka raavi nahi hu
Meri khushi hai ki tum khush raho
Tumhe samajhne ko main kaafi nahi hu
Haavi hoti hai zindagi ki umang tumse
Mohabbat ka josh aur ye jatan tumse
Kitne khubsurat ehsaas hai tumhare
Aur ye bhi ki mere ehsaas ke rang tumse
Tumhe khabar hai ki mohabbat jaanta hu
Har afzal cheez mein tujhe maangta hu
Mere wajeh se aansu aaye tumhe
Ab main aakhir kis kaam ka hu
Khush kardo mujhe apne qareeb bula kar
Awaaz do mujhe raqeeb bula kar
Aazmana hai to azmao sahi
Awaaz to do mujhe aye haseen bula kar
Main haqeeqat hu koy khwaabi nahi hu
Tumhare sawalo ka jawabi nahi hu

Tu mujh mein hai aur main baaqi nahi hu
Maana ki tere soch ke deed ke qaabil nahi hu

I have all the answers to your questions but I choose to love you.

36. Tumhare Wajood Ko Ajr-E-Azeem Samajhta Hu.

Winter comes and summer goes, I'm still waiting... waiting for the right time for the special person, I can wait thousands more years.

Main kahani ke musannif pur yaqeen rakhta hu
Tumhare wajood ko ajr-e-azeem samajhta hu
Jo bhi likha tumhi ko soch kar likha hai
Tumhari shaqsiyat ko behtareen samajhta hu
Udaas na ho khud ko aam samajh kar
Meri aankho se padho apna paigam samajh kar
Ye faasle hissa hai dastan-e-mohabbat ki
Mujhe bhula na dena faaslo ko anjaam samajh kar
Mujhe ummeed hai hum fir qareeb aayenge
Ek manzil ke zarur nazdeek aayenge
Waada hoga, ab na ruthenge kabhi
Aur na darmiyaan mein koy raqeeb layenge
Jo sabr kare usey faheem samajhta hu
Jise har dujey se mohabbat hai, usey haqeer samajhta hu
Acche bure haal ko naseeb samajhta hu
Tumhare wajood ko ajr-e-azeem samajhta hu

The distance between us is also a part of this amazing love.

Thank You!

Uss Paak daaman ki yaad ab tak satati hai

Meri har ghazlo mein uski jhalak nazar aati hai

www.ingramcontent.com/pod-product-compliance
Lightning Source LLC
LaVergne TN
LVHW090137160826
845673LV00017B/2496

* 9 7 9 8 8 9 2 3 3 7 0 5 2 *